DE

L'ASSOCIATION BRETONNE.

DE
L'ASSOCIATION
BRETONNE,
ET
DE SA LÉGALITÉ,

PAR M. CHARLES LUCAS,

AVOCAT A LA COUR ROYALE DE PARIS.

—

Si vis pacem, para bellum.

—

Paris,

GUIRAUDET, IMPRIMEUR-ÉDITEUR,

RUE SAINT-HONORÉ, N. 315.

—

1829.

DE

L'ASSOCIATION BRETONNE.

Ce n'est pas seulement comme Breton, comme avocat, mais comme philanthrope, comme homme, que j'aborde ce sujet. La grande question de résistance légale que soulève l'Association bretonne n'intéresse pas seulement quelques Bretons, mais tous les Français, tous les peuples constitutionnels des deux mondes, et l'humanité tout entière. C'est en effet une question d'humanité, et la plus importante, la plus large, peut-être, qui se soit jamais agitée dans ses intérêts. Il ne s'agit pas ici du sang de quelques misérables tout dégoûtants de celui de leurs semblables, dont nous voudrions détourner la hache des bourreaux, moins par compassion que par une juste répugnance à imiter et à refaire le crime qu'ils ont commis ; il s'agit du sang des peuples, du sang le plus pur des nations, qui dans les troubles politiques est toujours celui qui coule sur les échafauds et dans les luttes des partis. C'est donc ici plus qu'une question d'*abolition de la peine de mort*, c'est une question d'*abolition de la guerre civile*. Oui ce grand bienfait nous est acquis par l'admirable mécanisme de notre constitution, si ainsi le veulent le courage de nos concitoyens, et la sagesse de nos magistrats. Telle est la portée de l'Association bretonne ; et c'est dans cet esprit, et dans ce but, que nous venons en soutenir la légalité, et sans reculer devant aucune de ces questions qui s'y rattachent, et que dans d'autres temps il y aurait eu imprudence à ranimer, mais qu'aujourd'hui il y aurait lâcheté à ne pas résoudre.

L'acte d'Association bretonne a été fait dans la prévoyance de deux cas : 1° celui de contributions imposées sans le concours libre, régulier et constitutionnel du roi et des deux chambres; 2° celui de contributions prélevées avec le concours d'une chambre formée par un système électoral qui n'aurait pas été voté dans les formes constitutionnelles. L'acte assimile ces deux cas, et y voit même illégalité dans la perception de l'impôt, même légitimité dans le refus.

Cette assimilation ne peut être contestée. Qu'importe en effet qu'une ordonnance décrète directement l'impôt ou qu'elle crée un système électoral duquel naîtra une chambre qui votera cet impôt. Qu'on admette ces deux intermédiaires ou qu'on les supprime, le résultat définitif est le même. Dans un cas comme dans l'autre il s'agit de rapporter l'impôt à son origine. Or l'origine de l'impôt, dans le second, serait dans la chambre qui l'aurait voté, celle de la chambre dans les électeurs qui l'auraient élue, et celle des électeurs dans l'ordonnance qui les aurait décrétés. L'assimilation est donc juste, à cette seule différence qu'il y aurait dans ce second cas trois illégalités au lieu d'une; ce serait triplement faire mentir la Charte : or, si en grammaire deux négations valent une affirmation, nous ne croyons pas qu'en droit public trois mensonges fassent une vérité.

Ainsi donc dans les deux cas que prévoit l'Association bretonne, c'est toujours l'existence d'un seul et même droit qu'elle présuppose, celui de refuser le paiement de contributions imposées par *voie d'ordonnance* et non *par voie législative*.

Ces explications préliminaires sur le but et l'esprit de l'Association bretonne étaient nécessaires, parce qu'on a singulièrement travesti l'un et l'autre en donnant à une expression de cet acte une interprétation contre laquelle proteste l'acte tout entier.

L'Association bretonne n'ayant été conçue que dans la prévoyance des deux cas précités, elle ne pouvait entrer en action du jour de son acte constitutif, mais aussi elle ne devait pas ajourner son organisation active jusqu'à l'époque même du fait de la perception illégale de l'impôt. Il fallait donc s'arrêter à quelque fait intermédiaire qui annonçât la résolution formelle et officielle de la part du ministère de lever l'impôt par ordonnance, et c'est alors qu'on décida qu'il suffirait, pour mettre l'association en mouvement, d'une *proposition officielle,* en prenant ce mot comme le mot propre des conclusions des rapports préparatoires sur lesquels se rendent les ordonnances et que l'on voit journellement insérés dans le *Moniteur.*

Il faut à la fois nier le but, l'esprit, le caractère de cet acte d'association, pour aller chercher à ces mots *proposition officielle* cet autre sens usité dans le langage parlementaire relativement à l'exercice de l'initiative constitutionnelle de la couronne dans la présentation des projets de loi. C'est précisément le cas de cette absence de présentation et de proposition aux chambres que cet acte présuppose, et pour lequel il a été fait. C'est dans cette hypothèse qu'il intervient; c'est en dehors de l'exercice de ce droit d'initiative de la couronne, et en flagrant délit de violation de ces formes constitutionnelles, qu'il place et qu'il prend le ministère. Toute autre interprétation est inadmissible et absurde même. Comment l'impôt serait-il illégal si la proposition en était faite aux chambres par le ministère au nom du roi ? Comment le changement au système électoral serait-il proposé inçontitutionnellement s'il était présenté aux chambres et voté par elles.

Ainsi disparaissent ces deux premiers chefs de la prévention : 1° provocation à la désobéissance aux lois ; 2° attaque formelle contre l'autorité constitutionnelle du roi. L'Association bretonne professe en effet pleinement les principes de l'accusation à cet égard, puisqu'elle n'existe que pour leur défense ; elle ne repousse, elle ne conteste que l'incroyable application qu'on en fait. Il y a par trop d'inconséquence en effet, de la part de la prévention, à accuser, dans les deux premiers chefs, de violer ces principes, cette association qu'elle accuse dans son troisième d'en avoir pris la défense. Il est inutile d'insister sur de pareilles contradictions.

Voilà donc cette question, ou plutôt cette chicane de rédaction, écartée par le simple bon sens ; et elle pouvait d'ailleurs matériellement l'être par l'addition d'un seul mot caractéristique du sens dans lequel l'expression *proposition* a été prise. Arrivons maintenant à la véritable question, à la question du fond, sur le droit de refuser le paiement de l'impôt décrété par ordonnance, et non par le pouvoir législatif, qui réside dans le roi et les deux chambres.

Assurément, en ouvrant la charte, on doit s'étonner de la position d'une pareille question. Car quel doute peut-elle soulever ? L'art. 15 de la charte est formel, et il est un article, dans la loi du budget de chaque année, qui ne l'est pas moins et qui lui sert même de sanction pénale. Où peut donc s'établir la discussion ? L'Association bretonne n'étant faite que pour le cas d'un impôt décrété sans le concours des chambres légalement constituées, il faut donc nécessairement admettre pour l'incriminer qu'il y ait en dehors des chambres un pouvoir qui peut au besoin imposer la nation sans leur concours et malgré leur refus même.

Telle a été en effet la doctrine produite et reproduite avec autant d'impudence que d'impunité par les journaux organes salariés du ministère, avant et après l'Association bretonne. Ils ne parlaient que de droit antérieur et supérieur à la charte; que de son article 14, qui à lui seul annulait tous les autres ; que du pouvoir constituant, qu'ils opposaient à cette prévoyance d'un refus du budget par les chambres. Et c'est dans la supposition de ce cas qu'ils s'écriaient : « Ce refus échéant, le pouvoir verrait ce qu'il y aurait à faire et pourrait se décider aussi (1). »

C'est dans la supposition de ce cas que, dans un incroyable délire de fièvre absolutiste, ils plaçaient comme enjeu *le trône dans la périlleuse partie* (telles sont leurs propres expressions), et ajoutaient avec une sorte de vertige insolent : *Il s'agit de régner, dût l'exil être au bout !*

C'est enfin dans la supposition de ce cas qu'ils écrivaient ces propres paroles le jour même de la saisie du *Journal du commerce* pour insertion de l'acte de l'Association bretonne (2) : « Pense-t-on que, si, chose qui ne doit pas arriver, *une chambre devenait assez hostile*

---

(1) Quotidienne du 17 septembre.

(2) Quotidienne du 11 septembre.

pour refuser l'impôt, et que la presse devînt assez cri-
minelle pour exciter les citoyens à se révolter contre
l'autorité royale, en refusant au roi les subsides indis-
pensables aux services du gouvernement constitution-
nel, ce ne serait pas le cas de faire l'application de
l'art. 14. »

Où est-il donc ce pouvoir de la royauté hors de la
charte devant lequel cette charte s'efface et disparaît ?
Où est son origine et sa nature ? Le roi, où est-il roi ,
comment est-il roi autrement que dans la charte et
par la charte ? Et où vont-ils donc, que veulent-ils
donc, ces frénétiques qui ne savent servir la royauté,
dont ils font leur idole, qu'en brisant son piédestal.

Où chercher en effet ailleurs que dans l'ordre politique
la source de sa puissance et la garantie de sa durée.

Dans l'ordre naturel, les rois ne sont que des hommes,
qui naissent et meurent comme nous, sujets aux mêmes
infirmités ; et dans cette triste répartition des misères
humaines , il n'y a que l'art qui puisse quelquefois
adoucir et alléger pour eux la loi commune de la nature.

Dans l'ordre moral, l'histoire est là pour dire s'ils furent toujours ceux qui surent le mieux pratiquer le bien
ici-bas, et si sur leur tète l'éclat du diadème ne fit jamais
que réfléchir celui de la vertu.

Dans l'ordre intellectuel , sont-ils les plus éclairés des
hommes, les plus savants des savants , les plus capables
des capables? est-ce au nom de sa supériorité de raison,
de talent et de savoir, que règne la royauté? le principe
du pouvoir qu'elle exerce et de l'obéissance qu'elle ob-
tient est-il dans la souveraineté du génie?

Ce n'est donc ni dans l'ordre naturel , ni dans l'ordre
moral , ni dans l'ordre intellectuel, que la royauté puise

cette puissance qu'elle exerce, cette supériorité qui lui appartient, mais uniquement et exclusivement dans l'ordre politique. La royauté en effet est une institution politique, qui s'est fait adopter par la plupart des peuples anciens comme la forme de gouvernement la mieux appropriée aux besoins du temps, et qui, en subissant chez plusieurs peuples modernes les modifications imposées par la civilisation pour entrer à la fois dans leurs mœurs et dans leurs lois, s'est fait ainsi maintenir et consacrer de nouveau dans le pacte constitutif de leur gouvernement. Cette puissance, cette supériorité de la royauté, ce n'est donc pas le ciel, c'est la terre qui la donne. S'il fallait faire parler la voix du ciel, le génie ne serait-il pas son élu ? n'est-ce pas à ces dons brillants de l'intelligence et de la nature dont il se plaît à combler quelques mortels qu'il faudrait reconnaître ceux dont il a fait icibas ses heureux privilégiés. Et qu'on dise maintenant dans quelles conditions et sur quelles têtes nous le voyons le plus souvent les repandre. Des trois races qui, jusqu'à l'époque de la révolution, régnèrent sur la France, le dernier roi de la première, Childeric III, fut détrôné, rasé et enfermé dans un monastère, parce qu'il était insensé ; le dernier roi de la seconde, Louis V, fut renversé par les grands vassaux et empoisonné par sa femme, parce qu'il était *fainéant*, c'est-à-dire incapable ; et Louis XVI succomba dans la lutte trop inégale qui s'établit entre ses moyens personnels et les grands événements de son époque. Que veulent-ils donc ces prôneurs impudents du pouvoir absolu, qui, en mettant la royauté dans l'homme, et non dans l'institution, la condamnent à toutes les faiblesses et à tous les accidents de l'humanité, à se trouver aujourd'hui dans les lisières et demain sur les béquilles, au lieu de la montrer telle qu'elle est, dans cette région supérieure où, comme institution politique, consacrée par la constitution de l'état, elle domine à la fois et les intérêts de la société, qu'elle doit gouverner, et les misères de l'humanité, qu'elle ne doit pas craindre.

Disons-le donc, c'est dans la charte, et dans la charte seule, dans ce pacte constitutif du gouvernement qui nous régit, qu'est pour la royauté la source de sa puissance, la condition de sa force, la garantie de sa durée. Parler des droits de la royauté autres que ceux compris dans la charte et définis par elle, ce serait vouloir sa perte, « car ce serait supposer le pacte rompu « entre la nation et le roi, comme au temps où les « Stuarts voulurent se dispenser de gouverner suivant « les lois nationales » (1).

Ainsi point de doute sur le droit et le devoir même des citoyens de refuser le paiement de contributions non imposées par la seule voie voulue par la charte, c'est-à-dire par la voie législative, par le concours du roi et des deux chambres. Il n'y aurait ni crime ni délit à user de cette résistance, dans l'espèce déterminée par l'acte d'Association bretonne. La faction peut bien encore écrire le contraire dans ses journaux, mais on n'oserait le soutenir devant les tribunaux. Aussi n'est-ce pas le fait de la résistance dans le cas prévu, mais le tort de le prévoir, qu'incrimine et que poursuit l'accusation. C'est cette prévoyance qui a ses yeux constitue à elle seule le délit d'*excitation à la haine et au mépris du*

---

(1) Phrase textuellement extraite de l'article inséré dans le *Moniteur*.

gouvernement du roi, en le croyant capable de pouvoir fouler aux pieds les prérogatives constitutionnelles des chambres.

Elle suppose, dit l'ordonnance de la chambre du conseil du tribunal de la Seine, *aux cinq départements de la Bretagne la défiance et la haine du gouvernement du roi.*

Il y a d'abord ici un premier point à éclaircir relativement à l'existence de ce délit, prévu par l'art. 4 de la loi du 25 mars 1822, qu'on invoque : c'est celui de savoir si l'accusation ne confond pas deux choses essentiellement distinctes, *le ministère* et *le gouvernement du roi ;* et si ce n'est pas uniquement en haine et en défiance du premier, et non du second, qu'a été conçu et rédigé l'acte d'Association bretonne.

Recherchons donc ce qu'on peut, ce qu'on doit entendre par gouvernement du roi, et par conséquent l'acception dans laquelle l'art. 4 de la loi de 1822 a dû nécessairement le prendre.

Le gouvernement du roi comprend toute la portion de souveraineté qui appartient à la couronne dans la distribution des pouvoirs consacrés par la charte. Pouvoir exécutif sans partage, pouvoir législatif avec le concours des deux chambres, pouvoir judiciaire avec délégation et inamovibilité dans son exercice : tel est le gouvernement du roi, telle est sa définition, telle est son étendue, telle est la sphère où il se meut.

Mais pour s'y mouvoir il lui faut des moyens d'action. Ses moyens d'action sont, comme pouvoir judiciaire en tant que source de toute justice, les magistrats inamovibles, qu'il nomme et qu'il délègue pour rendre la justice en son nom ; comme pouvoir exécutif, au sommet de l'échelle de ses agents, les ministres avec la responsabilité de leurs actes et l'inviolabilité de leur nature. Le ministère n'est donc pas le gouvernement du roi : il n'est que l'intermédiaire, ou, pour mieux dire, qu'un des intermédiaires nécessaires au gouvernement du roi, pour l'exercice de son autorité.

Ces principes élémentaires de droit constitutionnel sur la distinction fondamentale entre le gouvernement du roi et le ministère, qui n'en est que le moyen d'action, ont été plaidés avec autant de succès que de talent par M⁰ Hennequin dans le procès de la *Gazette de France* devant la 6ᵉ chambre du tribunal correctionnel de Paris (1).

Or, cette distinction une fois reconnue, maintenant que nous savons où se trouve le gouvernement du roi, sur quoi donc s'appuie cette accusation dirigée contre l'acte d'Association bretonne qui suppose, dit-on, dans les cinq départements de la Bretagne, la défiance et la haine du gouvernement du roi? Est ce donc pour dépouiller le roi de son pouvoir exécutif, pour entraver l'exercice délégué de son pouvoir judiciaire, pour méconnaître son concours dans le pouvoir législatif, qu'a été conçue et rédigée cette association? Bien loin de là, c'est l'attachement sincère au gouvernement du roi, à son maintien, à sa durée, qui a inspiré cet acte. L'Association bretonne aurait pu s'intituler à juste titre, Société pour *la défense du gouvernement constitutionnel du roi,* à l'imitation de ces autres associations qui se sont établies pour la défense de la religion, pour le salut de

---

(1) Voyez *Gazette des Tribunaux* du 13 novembre 1828.

l'autel, etc. Car ce qu'elle veut, en effet, c'est le respect de ce gouvernement; ce qu'elle affectionne, c'est
tout ce qui peut contribuer à son affermissement; ce
qu'elle craint, ce sont les atteintes qu'il peut recevoir;
et ce qu'elle hait, ce sont les hommes réputés par le
pays capables de les lui porter.

Ce n'est donc pas envers le gouvernement du roi,
mais envers le ministère, agent responsable et heureu-
sement accidentel et passager de ce gouvernement, que
l'acte d'Association bretonne supposerait des senti-
ments de défiance et de haine aux cinq départements
de la Bretagne.

On n'attend pas assurément des Bretons un désaveu
sur ce point. En Bretagne comme en France ces senti-
ments n'avaient pas attendu l'acte d'Association pour
éclater : si l'on voulait trouver de la défiance et de la
haine contre le ministère, il y en avait assez d'amas-
sées d'un bout à l'autre du royaume, dans tous les départements français; et pour citer une exception, il eut
fallu nommer à la France cinq départements où le
ministère ait obtenu la confiance et l'amour.

Si donc c'est un délit de se défier du ministère et de
le haïr, ce n'est pas la Bretagne, mais le royaume entier, qu'il faut en accuser et en punir, et reconnaître
que l'explosion y a été si générale et si énergique, qu'assurément la France ne pouvait plus recevoir de l'Association bretonne ni excitation ni stimulant.

En point de fait et en point de droit, l'accusation
s'écroule donc par sa base. En droit, l'art. 4 de la loi
de 1822 est inapplicable, puisque le gouvernement du
roi est ici hors de cause, ou plutôt qu'il trouve dans
cette association l'expression de la volonté la plus éner-

gique pour son maintien et sa durée. Il est de plus inapplicable en fait, puisqu'il est évident que le ministère ne doit s'en prendre qu'à lui-même, à ses noms, à ses antécédents, de cet amas de défiances et de haines qu'il a soulevées contre lui en France dès son avénement au pouvoir.

Et qu'y a-t-il donc en effet dans l'acte d'Association bretonne? Des injures, des outrages contre le ministère? nullement. Sa rédaction est ferme et digne, telle que l'exigeait un acte dont la force n'était pas dans les mots, mais dans les choses. Aussi c'est, dit-on, la pensée de cet acte qui seule constitue l'outrage ; c'est la prévoyance du crime qu'il présuppose, et pour le cas de survenance duquel il a été rédigé, qui fait le délit.

Après avoir créé des *délits d'omission*, voici venir les parquets qui se mettent en frais d'imagination pour enfanter des délits d'un nouveau genre, des délits de *prévoyance*.

Des délits de prévoyance!!... N'y a-t-il pas là je ne sais quelle alliance de mots et de choses qui font divorce entre eux ? N'y a-t-il pas là je ne sais quelle répugnance de langage et de conscience, je ne sais quel bouleversement des habitudes de l'un et des inspirations de l'autre?

Nous n'avions jamais connu en effet la prévoyance que comme l'une des vertus du sage. Comment se fait-il donc que, transportée des relations de la vie privée dans celles de la vie publique, elle change tout à coup de nom et de nature? Est-ce là ce que nous enseignent les législateurs, ces gardiens de la paix publique? Appelés à donner à l'ordre social ses garanties, leur principal but n'a-t-il pas été de prévoir toutes les atteintes qu'il pouvait recevoir, et le comble de la perfection pour eux n'a-t-il pas été d'avoir embrassé tous les cas imaginables, afin d'attacher à chaque offense la peine qui doit en détourner, et de n'avoir ainsi laissé la société désarmée contre aucune? Ont-ils craint d'insulter à la loi morale par la prévoyance de toutes les violations qu'elle pouvait recevoir? Et ce serait un crime de supposer que la loi politique puisse être violée! Quelle est donc la raison de cette différence? Serait-ce par hasard parce que la première est éternelle, immuable, qu'elle est la même chez tous les peuples, dans tous les climats, dans tous les temps; tandis que la seconde, purement accidentelle et conventionnelle, varie d'une chaîne de montagnes à l'autre, d'un bord à l'autre d'un fleuve?

Ainsi, cette loi de Dieu, qu'il nous a donnée et pour laquelle il nous a faits, nous en prévoirions toutes les violations imaginables, sans crainte d'insulter la majesté divine; mais la loi de l'homme, par respect pour la majesté ministérielle, nous croirions à son éternité, à son inviolabilité, attendu qu'elle provient d'un être si faillible dans sa nature et si borné dans son existence!

Qu'on ne nous reproche pas l'exagération de ces conséquences : elles ne sont que logiques et rigoureuses. Avec cette manière d'incriminer la prévoyance des violations de la loi politique, il faudrait dire que les lois pénales sont autant d'injures à la morale et à la divinité. Et ce n'est pas nous qui tirons pour la première fois cette conséquence. Qui ne connaît ce peuple célèbre de l'antiquité qui ne voulut pas qu'on prévît le parricide dans ses lois, parce que cette prévoyance seule eût été un outrage à la nature. Sa doctrine n'a pas trouvé, que je sache, beaucoup de partisans, ni son exemple beaucoup d'imitateurs. Mais si assez de parricides ont prouvé aux législateurs la nécessité de prévoir ce crime dans leurs codes, il nous semble qu'assez de constitutions violées peuvent également autoriser les nations sincèrement attachées à leur gouvernement à user de prévoyance pour sa conservation et sa durée. Est-ce à nous en effet, hommes et enfants de la révolution, dont les uns ont vécu et les autres sont nés au milieu des coups d'état et des débris de tant de gouvernements abattus, qu'il faut parler comme d'un phénomène inouï jusqu'à ce jour de la violation d'une constitution politique? Est-ce la France qu'il faut accuser après ces temps d'orage d'y avoir au moins appris quelque chose et de n'avoir pas tout oublié? Ah! combien ses accusateurs devraient au contraire admirer sa sagesse à tirer du passé la leçon de l'avenir, et qu'il devrait se trouver heureux le gouvernement qui, après tous ceux qu'elle a si vite sacrifiés sans hésitation et délaissés sans regret, la voit aujourd'hui se rallier à lui, s'alarmer de ses périls, s'éclairer pour les prévoir, s'associer pour les prévenir, et veiller sur son existence comme sur le dépôt de sa confiance, de ses espérances et de son avenir! Vous qui nous accusez sans cesse de retour aux gouvernements révolutionnaires, dites-nous donc quel est celui de ces gouvernements qui n'eût envié un tel hommage, qui n'eût été heureux d'inspirer à la France une pareille sollicitude, et qui, s'il l'eût inspirée, n'eût point échappé à sa ruine et survécu jusqu'à nous. Au surplus, ne faites pas le procès à la Bretagne, mais au législateur lui-même. Croyez-vous en effet qu'il ait imprudemment partagé votre dogme d'imprévoyance sur les violations des constitutions établies et qu'il ait

omis d'en décréter d'avance les peines? Le code pénal
n'est-il plus en vigueur? Et qu'a fait l'Association bretonne qu'admettre la possibilité d'un fait que ce code et
la Charte elle-même ont prévu. Les Bretons sont cou-
pables, dites-vous, d'avoir supposé la possibilité de la
part des ministres d'une violation des prérogatives constitutionnelles des chambres. Mais comment donc ap-
pelez-vous ce crime, si ce n'est le crime de trahison, et
dites-nous maintenant si la Charte a partagé votre confiance aveugle dans l'attachement et le respect des ministres à ses dispositions ; dites-nous si elle a cru qu'on
ne pouvait sans délit de la part des ministres craindre
des traîtres et prévoir des coups d'état.

Après l'autorité de la charte, s'il faut invoquer celle
de son illustre fondateur, Louis XVIII, croyait-il que
sa Charte aurait, seule de toutes les constitutions nées
jusqu'à ce jour, le privilége de ne soulever les haines ni
les passions d'aucun parti, lorsqu'il l'a confiée à la fidé-
lité et au courage de l'armée, des gardes nationales et
de tous les citoyens (1). La France a accepté ce premier
dépôt ; mais, pour en assurer l'intégrité et répondre à la
confiance du roi législateur, elle a cherché dans sa sagesse un autre moyen de protection que celui de la
force, qui répugnait à son amour de l'ordre et de la
paix. Ce moyen, il est trouvé, et il est sorti tout orga-
nisé de celle de ses provinces où les opinions et les factions furent toujours armées et n'en appelèrent jamais
qu'à la force des armes de la bonté de leur cause et de la
justice de leurs droits. Qui connaît la Bretagne, ses

----

(1) Ordonnance du 15 mars 1815.

mœurs et ses traditions de parti, ses passions actives, ses haines mal éteintes, qui connaît jusqu'au génie de son sol hérissé de fossés et pour ainsi dire provocateur de guerres civiles, doit regarder cette Association bretonne comme la plus belle conquête de l'ordre légal en France, et comme la preuve la plus convaincante que le gouvernement constitutionnel est désormais passé des lois dans les mœurs de la nation.

Et que l'on songe dans quelles circonstances ce pacte est intervenu. Je laisse à mes éloquents confrères et amis (1) à retracer à cet égard le tableau des hommes et des choses : ils diront les alarmes non seulement de la Bretagne, mais de la France entière étonnée de ce que lui présageait de sinistre ce phénomène sans exemple de l'avénement si imprévu au pouvoir des hommes qu'elle y redoutait le plus, et de la retraite simultanée de tous les talents et de tous les dévouements connus à la cause du trône et de la liberté. Sans doute ce n'est pas à la légère qu'un peuple doit s'alarmer pour sa constitution et se préparer en conséquence à une résistance légale pour la défendre. Mais la France s'est-elle donc montrée si ombrageuse ? Lorsque, dans un récent écrit que nous citons entre beaucoup d'autres, parce qu'il pouvait prendre quelque gravité de la position et du talent de son auteur (2), la France lut la proposition assez clairement exprimée *du gouvernement*

---

(1) MM. Barthe et Mérilhou, qui doivent plaider pour le *Journal du commerce* et le *Courrier français.*

(2) M. Cottu, conseiller à la Cour royale de Paris.

par ordonnances, la vit-on prendre mal à propos l'alarme et trembler de frayeur devant les coups d'état que lui préparait l'écrivain ? Parla-t-on alors en Bretagne ou ailleurs de résistance légale, de refus d'impôt, de pacte d'association ? Non, assurément : la France montra qu'il fallait bien autre chose qu'une brochure pour l'émouvoir. Mais lorsqu'elle a vu ces doctrines personnifiées dans les hommes appelés au pouvoir et répétées par les journaux à leur solde, certes il y aurait eu alors aussi par trop d'aveuglement de sa part à ne pas concevoir de soupçons et à ne pas prendre au moins des mesures légales de prévoyance dans l'intérêt de sa sécurité.

Ainsi se trouvent démontrées et la légalité et l'opportunité de ce pacte d'Association bretonne. Puisse la magistrature française l'affermir par ses arrêts, et mériter cette belle page dans l'histoire de l'humanité, d'avoir fermé l'abyme des révolutions et assuré la paix de l'avenir en plaçant désormais la loi, par cette force de résistance qu'elle puise en elle-même, au dessus de la portée et des atteintes des factions !

Saint-Brieux, ce 8 octobre 1828.

FIN.